Monika Gänsler

Löffelkerlchen
aus der Küche
Bastelideen aus Kochlöffeln

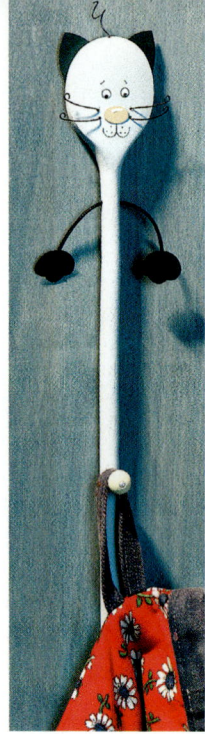

Fotos: frechverlag GmbH, 70499 Stuttgart;
Fotostudio Ullrich & Co., Renningen

Dieses Buch enthält:
1 Vorlagenbogen

Materialangaben und Arbeitshinweise in diesem Buch wurden von der Autorin und den Mitarbeitern des Verlags sorgfältig geprüft. Eine Garantie wird jedoch nicht übernommen. Autorin und Verlag können für eventuell auftretende Fehler oder Schäden nicht haftbar gemacht werden. Das Werk und die darin gezeigten Modelle sind urheberrechtlich geschützt. Die Vervielfältigung und Verbreitung ist, außer für private, nicht kommerzielle Zwecke, untersagt und wird zivil- und strafrechtlich verfolgt. Dies gilt insbesondere für eine Verbreitung des Werkes durch Film, Funk und Fernsehen, Fotokopien oder Videoaufzeichnungen sowie für eine gewerbliche Nutzung der gezeigten Modelle.

Auflage:	5.	4.	3.	2.	Letzte Zahlen
Jahr:	2007	2006	2005	2004	2003	maßgebend

© 2003

ISBN 3-7724-3199-2 · Best.-Nr. 3199

frechverlag GmbH, 70499 Stuttgart
Druck: frechdruck GmbH, 70499 Stuttgart

Hier sind wir!

Haben Sie Lust auf eine etwas andere Küchendekoration? Dann ist dieses Buch genau das Richtige für Sie!

Viele lustige Löffelkerlchen aus ganz gewöhnlichen Holzkochlöffeln geben sich hier ein Stelldichein. Mal hilft Ihnen ein Huhn, Ihre Gummiringe zu bewahren, mal trägt eine Katze Ihre Topflappen. Auch die feurige kleine Hexe möchte sich nützlich machen und hält die getrockneten Pfefferschoten zum Kochen bereit.

Egal, für welchen Löffelkerl Sie sich entscheiden, er wird in Ihrer Küche ein lustiger Blickfang sein.

Ich wünsche Ihnen jedenfalls viel Spaß beim Gestalten der frechen Löffelkerlchen!

Ihre

Monika Gänsle

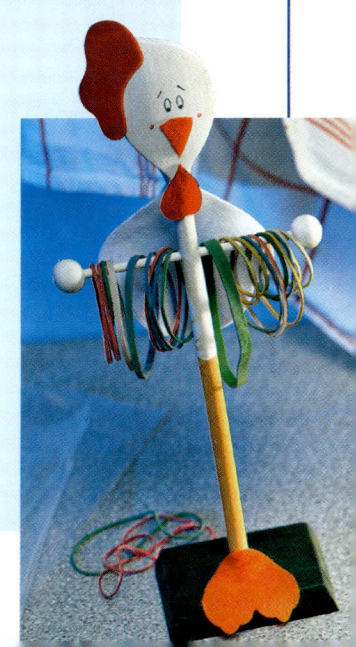

So geht es

1. Das Transparentpapier auf das gewünschte Motiv auf dem Vorlagenbogen legen und alle Teile aufzeichnen, die später an den Löffel geklebt werden.

2. Das abgepauste Papier auf dünne Pappe kleben und die Teile ausschneiden. Die Schablonen auf den passenden Tonkarton legen, mit einem Bleistift die Umrisse umfahren und danach die Motivteile ausschneiden. Den Löffel anmalen und trocknen lassen.

3. Alle benötigten Bohrungen vornehmen, die Tonkartonteile mit den Innenlinien ergänzen und die Augen und den Mund aufmalen. Das Weiß der Augen mit weißer Bastelfarbe oder evtl. einem weißen Stift ergänzen. Jetzt das Löffelkerlchen mit der Heißklebepistole zusammensetzen. Anschließend die Verzierungen am Löffelkerlchen anbringen.

Materialien und Werkzeuge

Folgende Materialien benötigen Sie für fast jedes Löffelkerlchen. Die restlichen Materialien finden Sie in der jeweiligen Materialliste.

- Holzlöffel, verschiedene Größen und Formen
- Matte Acryl- oder Bastelfarben
- Geglühter Bindedraht, ø 0,35 mm und 0,65 mm
- Bohrer, ø 1,5 mm, 2 mm, 2,5 mm, 3 mm und 4 mm
- Bohrmaschine
- Dünner Stift in Schwarz für die Innenlinien (wasserfest)
- Transparentpapier
- Dünne Pappe für Schablonen
- Bleistift und Radiergummi
- Heißklebepistole
- UHU Alleskleber Kraft
- Klebestift
- Mittelgroße, spitze Schere
- Kleine, spitze, halbrunde Nagelschere
- Bürolocher
- Lochzange
- Spitze Rundzange
- Seitenschneider
- Borstenpinsel
- Schmaler Pinsel
- Tonkarton in verschiedenen Farben

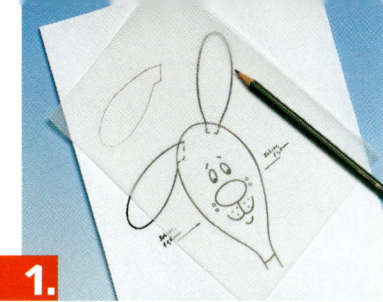

1.

2.

3.

Hinweise
Die Längenangaben der Löffel beziehen sich auf den ganzen Löffel.
Die Tonkarton- und Balsaholzteile sind so klein, dass Sie immer Reste (kleiner als A5) verwenden können.

Tipps und Tricks

✓ Vor dem Zusammensetzen der Motive alle Innenlinien, Schriftzüge und Bohrungen vornehmen. Später könnte es schwieriger werden.

✓ Für größere Bohrungen mit einem dünnen Bohrer vorbohren, dadurch wird eine Führung für den größeren Bohrer geschaffen.

✓ Anstatt für die Arme aus Baumwollkordel oder Rundholz Löcher in die Kochlöffel zu bohren, können die Arme auch einfach nur mit der Heißklebepistole an den Löffelstiel geklebt werden.

✓ Mit Schablonen aus dünner Pappe lassen sich auch die Einzelteile aus Balsaholz und Filz erstellen.

✓ Wenn die Motive Haken oder Arme aus Rundholz haben, zuerst die Rundholzstücke durch die Bohrlöcher stecken und sie dann anmalen. Sonst passen die Rundhölzer nicht mehr in die Löcher.

✓ Die Einzelteile vorsichtig mit der Heißklebepistole fixieren. Da der Kleber schnell trocknet, lässt sich ein Verrutschen auf der gewölbten Löffelfläche vermeiden.

✓ Für die Innenlinien das Motiv vom Vorlagenbogen auf Transparentpapier abpausen und auf der Rückseite die Innenlinien mit einem Bleistift nachziehen. Jetzt das Transparentpapier auf das Motiv legen und die Linien nachziehen. Der auf der Rückseite haftende Grafit überträgt sich so auf das Motiv.

✓ Für das Weiß der Augen kann man weiße Bastelfarbe oder einen weißen Stift verwenden.

✓ Die Wangenflecken aus Tonkarton können mit einem Bürolocher ausgestanzt werden.

✓ Die meisten Wangenflecken und Nasen erhalten noch einen kleinen weißen Pinselstrich.

✓ Schöne Stoffe zum Schmücken der Motive finden Sie z. B. bei Patchwork-Stoffen.

5

Schiefertafel mit **Hund**

Motivgröße
8 cm x 32 cm (nur der Hund)

Material
- Holzlöffel, rund, 32 cm lang
- Tonkartonreste in Schwarz, Hautfarbe und Dunkelbraun
- Bastelfarben in Weiß, Scharlachrot und Mittelbraun
- Bindedraht, ø 0,65 mm
- Baumwollkordel in Dunkelbraun, ø 1 mm, 20 cm lang (pro Bein 5 cm)
- Rohholzhalbkugel, ø 15 mm
- Schiefertafel, 25 cm x 18 cm, gerahmt
- Kreide, Schwamm
- Lappen (Geschirrtuch), 30 cm x 20 cm
- Paketschnur, ø 1,7 mm
- Bohrer, ø 1,5 mm und 2,5 mm
- Klebekissen

Vorlagenbogen A

Den Löffel und die Rohholzhalbkugel für die Nase anmalen. Die Ohren, das Mundteil und die Pfoten aus Tonkarton arbeiten und alle Innenlinien ergänzen. Alle Bohrungen seitlich ausführen. Die Augen und die Augenbrauen aufmalen und die Ohren, das Mundteil und die Nase ankleben. Jedes Baumwollkordelteil mit einer Pfote bekleben, trocknen lassen, in die entsprechende Bohrung stecken und fixieren. Den Drahtschwanz einkleben. Den Hund mit der Heißklebepistole an den Rahmen der Schiefertafel kleben. Für die Kreidehalterung aus Bindedraht eine kleine Spirale formen, die sich nach unten verjüngt. Ein kleines Loch in den Holzrahmen bohren, das obere Drahtende hindurchstecken, hinten umbiegen und mit der Heißklebepistole fixieren.
Den Schwamm und das Tuch an etwas Paketschnur knoten und an den Rahmen binden. Die Tafel mit Klebekissen ankleben.

Hier kocht der Chef

Motivgröße
9 cm x 30 cm

Material
- Holzlöffel, oval, 25 cm lang
- Balsaholzrest
- Tonkartonreste in Weiß, Rot und Hautfarbe
- Bastelfarben in Hautfarbe, Scharlachrot, Antikblau und Weiß
- Bindedraht, ø 0,65 mm
- Bohrer, ø 1,5 mm
- 2 Wackelaugen, ø 8 mm
- Rohholzhalbkugel, ø 15 mm
- Motivstanzer mit Herzmotiv
- Buntstift in Rot
- Stift in Weiß
- Klebekissen
- Stofftuch (Geschirrtuchecke), 14 cm x 21 cm

Vorlagenbogen A

Das Schild aus Balsaholz, den Löffel und die Rohholzhalbkugel für die Nase anmalen.
Nach dem Trocknen die Bohrungen ausführen: für den Schnurrbart von vorne und für das Schild von der Seite. Das Schild kann man auch mit einer Lochzange lochen. Alle Innenlinien ergänzen und die Ohren mit einem Buntstift etwas röten.
Jetzt den Löffel mit der zusammengesetzten Kochmütze, den Ohren, der Nase und den Augen bekleben. Das Schild mit zwei ausgestanzten Herzchen verzieren. Für den Bart von hinten durch beide Löcher ein Stück Bindedraht stecken und die Drahtenden umbiegen.
Für das Schild durch die seitliche Bohrung den Bindedraht stecken, beide Enden durch die Löcher im Schild führen und die Drahtenden locken.
Um den Hals ein dreieckiges Stück Geschirrtuch legen und mit Bindedraht zusammendrahten. Auch diese Drahtenden locken.
Das Motiv mit Klebekissen an der Küchentür anbringen.

Tipp
Balsaholz können Sie mit einer Schere vorsichtig ausschneiden.

Katze

Motivgröße
6 cm x 32 cm (ohne Locke)

Material
- Holzlöffel, rund, 32 cm lang
- Tonkartonreste in Anthrazit, Hautfarbe und Schwarz
- Bastelfarben in Taubenblau, Weiß und Schilf
- Rundholz, ø 3 mm, 3 cm lang
- Bindedraht, ø 0,65 cm
- Baumwollkordel in Schwarz, ø 2 mm, 10 cm lang
- Holzkugel, ø 12 mm, mit einer Bohrung mit ø 3 mm
- evtl. Klebekissen
- Bohrer, ø 1,5 mm, 2,5 mm und 3 mm

Vorlagenbogen A

Der Kochlöffel erhält vor dem Anmalen seine Bohrung für das Rundholz. Das Rundholz fixieren und jetzt den Löffel, das Rundholz und die Holzkugel anmalen. Nach dem Trocknen die restlichen Bohrungen ausführen: für die Schnurrhaare von vorne, für die Baumwollkordel und die Haarpracht von der Seite. Jetzt alle Innenlinien ergänzen und die Ohren und die Nase aus Tonkarton fixieren. Die Baumwollkordel durch die Bohrung stecken und die Pfoten ankleben. In die Bohrungen für die Schnurrhaare je ein Stück Bindedraht stecken und die Drahtenden umbiegen. Eine Drahtlocke formen, in den Kopf stecken und fixieren. Jetzt die kleine Holzkugel ankleben.

Tipps
Die Topflappenhalter können Sie mit Klebekissen anbringen.
Da die Bohrungen der Holzkugeln meistens etwas größer ausfallen als angegeben, kann man sie auch nach dem Anmalen ankleben.

Hund

Motivgröße
9,5 cm x 30 cm (ohne Locke)

Material
- Holzlöffel, oval, 30 cm lang
- Tonkartonreste in Hautfarbe, Dunkelbraun und Schwarz
- Bastelfarben in Mittelbraun, Taubenblau und Weiß
- Rundholz, ø 3 mm, 3 cm lang
- Bindedraht, ø 0,65 mm
- Baumwollkordel in Dunkelbraun, ø 2 mm, 10 cm lang
- Holzkugel, ø 12 mm, mit einer Bohrung mit ø 3 mm
- evtl. Klebekissen
- Bohrer, ø 1,5 mm, 2,5 mm und 3 mm

Vorlagenbogen A

Der Kochlöffel erhält seine Bohrung für das Rundholz, dort hinein wird das Rundholzstück geklebt. Dann wird alles nach Abbildung bemalt. Die seitlichen Bohrungen für die Arme und die Locke ausführen. Alle Innenlinien ergänzen, die Ohren anbringen und das Mundteil und die Nase fixieren. Die Baumwollkordel durch die seitliche Bohrung stecken. Die Pfoten, die angemalte Holzkugel und die Locke ankleben.

Ein starkes Huhn

Motivgröße
13 cm x 31 cm

Material
- Holzlöffel mit Spitze, 30 cm lang
- Filzreste in Weiß, Rot und Orange
- Bastelfarben in Orange, Weiß, Scharlachrot und Tannengrün
- Rundholz, ø 4 mm, 13 cm lang
- 2 Holzkugeln, ø 15 mm, mit einer Bohrung mit ø 4 mm
- Friesenbaumfuß in Natur, 6,5 cm x 9 cm x 1,5 cm
- Bohrer, ø 4 mm (evtl. ø 2 mm zum Vorbohren)

Vorlagenbogen A

Den Stiel laut Vorlagenbogen seitlich durchbohren, das Rundholzstück durchstecken und die Holzkugeln fixieren. Jetzt das Huhn und den Friesenbaumfuß anmalen.
Nach dem Trocknen die Innenlinien ergänzen. Den Hahnenkamm, den Schnabel, das Kehlläppchen und den Körper aus Filz ankleben.
Den Stiel in die Bohrung des Friesenbaumfußes stecken, fixieren und danach die Füße auf einer Höhe von ca. 1,5 cm an den Kochlöffelstiel kleben.

Tipp
Das Huhn können Sie auf beiden Armen mit vielen nützlichen Gummiringen behängen.

Kleine Schäfchenleiste

Motivgröße
32 cm x 12 cm

Material
- Holzlöffel, rund, 32 cm lang
- Tonkartonreste in Weiß, Grün und Hautfarbe
- Bastelfarben in Weiß, Schilf, Hautfarbe, Schwarz und Olivgrün
- Bindedraht, ø 0,35 mm
- Baumwollkordel in Weiß, ø 1 mm, 15 cm lang
- Baumwollkordel in Schwarz, ø 1 mm, 16 cm lang (8 cm pro Bein)
- Rundholz, ø 3 mm, 12 cm lang (3 cm pro Holzkugel)
- 4 Holzkugeln, ø 12 mm, mit einer Bohrung mit ø 3 mm
- Buntstift in Rot
- Motivstanzer mit Herzmotiv
- Stoffrest, kariert, 2,5 cm breit, 24 cm lang
- evtl. Klebekissen
- Bohrer, ø 2,5 mm und 3 mm

Vorlagenbogen A

Der Löffel erhält zuerst die Bohrungen für die Rundhölzer. Die Rundholzstücke in die gebohrten Löcher stecken und fixieren. Den Löffel und die Holzkugeln anmalen und nach dem Trocknen alle weiteren Bohrungen ausführen: für die Arme von vorne und für die Beine seitlich.

Das Gesicht aus Tonkarton erhält alle Innenlinien. Die Wangen und die Nase mit einem Buntstift anmalen, beide Ohren ankleben und die Haare fixieren. Von hinten das weiße Baumwollkordelstück durch beide Bohrungen stecken, auf jedes Ende eine Holzkugel auffädeln und durch einen einfachen oder doppelten Knoten sichern.

Für die Beine pro Baumwollkordelstück eine Holzperle auffädeln, mit einem Knoten sichern und das andere Baumwollkordelende in die jeweilige Bohrung stecken und fixieren. Auf jedes Rundholzstück eine Holzkugel kleben.

Ein Stück Stoff um den Stiel legen, mit Bindedraht umwickeln und mit zwei Herzchen verzieren.

Löffel-kerlchen

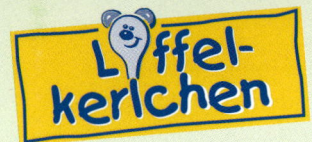

MÖHRCHEN

Motivgröße

5 cm x 32 cm bzw.
5 cm x 28 cm (ohne Haarpracht)

Material

- 2 Holzlöffel, rund, 32 cm lang und 28 cm lang
- Bastelfarben in Orange, Scharlachrot und Weiß
- Bindedraht, ø 0,35 mm
- Bast in Hellgrün und Olivgrün
- Satinband in Hellgrün, 3 mm breit, 25 cm lang
- Satinband in Grün, 6 mm breit, 30 cm lang
- Bohrer, ø 4 mm

Vorlagenbogen A

ZWIEBEL

Motivgröße

4,5 cm x 25 cm
(ohne Haarpracht)

Material

- Holzlöffel mit Spitze, 25 cm lang
- Bastelfarben in Hautfarbe, Mittelbraun, Scharlachrot und Weiß
- Bindedraht, ø 0,35 mm
- Bast in Natur
- Stoffrest, dreieckig, 16 cm x 16 cm x 20 cm
- Bohrer, ø 4 mm

Vorlagenbogen A

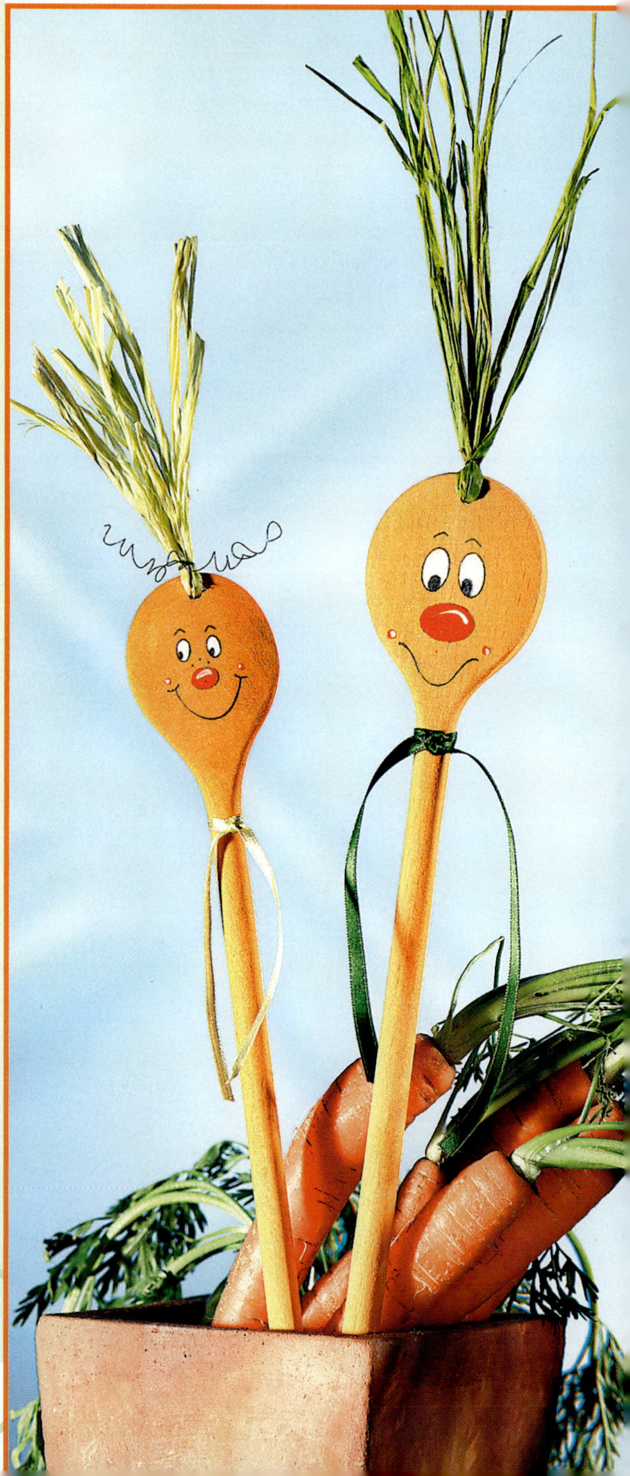

Wir sind zwei **Möhrchen**!

Beide Löffel anmalen, nach dem Trocknen die Löcher bohren und alle Innenlinien ergänzen. Durch die Bohrungen etwas Bast stecken und mit Bindedraht umwickeln. Die Drahtenden locken. Die große Möhre mit dem breiteren Satinband verzieren, die kleine Möhre mit dem dünnen Satinband schmücken.

Zwiebel- Stecker

Den Löffel nach der Abbildung anmalen und trocknen lassen. Das Loch für den Haarschopf von vorne bohren und alle Innenlinien ergänzen. Durch das Bohrloch etwas Bast stecken und mit dünnem Bindedraht umwickeln, die Drahtenden locken. Den Stiel mit dem Stoffdreieckstuch verzieren.

Muh, die liebe **Kuh**!

Motivgröße
10 cm x 31 cm (ohne Locke)

Material
- Holzlöffel, oval, 30 cm lang
- Tonkartonreste in Weiß, Schwarz, Hautfarbe, Rot und Dunkelblau
- Bastelfarben in Weiß und Antikgrün
- Bindedraht, ø 0,65 mm
- Baumwollkordel in Schwarz, ø 2 mm, ca. 20 cm lang
- 2 Wackelaugen, ø 8 mm
- Buntstift in Rot
- Friesenbaumfuß in Natur, 6,5 cm x 9 cm x 1,5 cm
- evtl. Stift in Weiß
- Stoffstreifen, 2,5 cm breit, 16 cm lang
- Bohrer, ø 1,5 mm und 2,5 mm

Vorlagenbogen B

Den Löffel weiß und den Friesenbaumfuß antikgrün anmalen. Nach dem Trocknen alle seitlichen Bohrungen ausführen. Das Mundteil und das Schild laut Vorlage bemalen und die Ohren und die Nasenlöcher mit einem Buntstift leicht röten. Das Mundteil erhält die mit einem Bürolocher ausgestanzten Wangenflecken. Mit der Heißklebepistole das Kuhgesicht zusammenfügen und die Augenbrauen aufmalen. Durch die untere, größere Bohrung im Löffelstiel die Baumwollkordel stecken und die Füße ankleben. Durch die obere Bohrung ein Stück Bindedraht stecken, von hinten durch die Löcher des beschrifteten Schildes führen und die Drahtenden zu Locken biegen.
Die fertige Kuh in das Loch des Friesenbaumfußes stecken und fixieren. Die Füße gegen den Stiel kleben und den Schal um den Hals legen.

Frische **Eier**!

Motivgröße
5,5 cm x 34,5 cm

Material
- Holzpfannenwender, 30 cm lang
- Tonkartonreste in Rot, Weiß und Orange
- Bastelfarben in Schilf und Weiß (für die Augenflecken)
- Bindedraht, ø 0,35 mm
- Reisig

Vorlagenbogen B

Das Huhn bekommt den Hahnenkamm, den Schnabel, das Kehlläppchen, die Flügel und die Füße angeklebt. Alle Innenlinien ergänzen.
Den Pfannenwender anmalen, beschriften und mit dem Hühnchen bekleben.
Etwas Reisig mit Bindedraht umwickeln, die Drahtenden locken und auf den Pfannenwender kleben.

Bon **appetit**!

Die aus Balsaholz gearbeitete Mütze anmalen und zusammensetzen. Die Bohrung im Stiel ausführen. Das Rundholzstück und die Holzkugel zusammensetzen, in die Bohrung stecken, fixieren und anmalen. Der Pfannenwender erhält alle Innenlinien, die Nase, den Wangenfleck und die Mütze. Ein Stoffdreieck um den Hals binden.

Motivgröße
8,5 cm x 30 cm

Material
- Holzpfannenwender, 29 cm lang
- Balsaholzrest
- Tonkartonrest in Rot
- Bastelfarben in Antikblau, Olivgrün und Weiß
- Rundholz, ø 3 mm, 3 cm lang
- Holzkugel, ø 12 mm, mit einer Bohrung mit ø 3 mm
- Stoffrest, dreieckig, 16 cm x 16 cm x 20 cm
- Bohrer, ø 3 mm

Vorlagenbogen B

Tipp
Besonders schön wirkt dieses Löffelkerlchen, wenn Sie es mit einer Knoblauchkette oder Peperoni behängen.

Motivgröße

12 cm x 30 cm
(ohne Hutschmuck)

Material

- Holzlöffel mit Spitze, 30 cm lang
- Tonkartonreste in Rot und Hautfarbe
- Bastelfarben in Schwarz, Weiß, Hautfarbe, Antikblau und Antikgrün
- Bindedraht, ø 0,35 mm und 0,65 mm
- 2 Holzkugeln, ø 15 mm, mit einer Bohrung mit ø 4 mm
- Rundholz, ø 4 mm, 12 cm lang
- 2 Holzperlen in Grün und Rot, ø 6 mm
- Reisig
- Buntstift in Rot
- Friesenbaumfuß in Natur, 6,5 cm x 9 cm x 1,5 cm
- Stoffrest, 2,5 cm breit, 16 cm lang
- Bohrer, ø 1,5 mm und 4 mm (evtl. ø 2 mm zum Vorbohren)

Vorlagenbogen B

Eine feurige Hexe!

Den Löffel seitlich durchbohren und das Rundholzstück durchstecken und fixieren. Den Löffel, die Holzkugeln und den Friesenbaumfuß anmalen. Nach dem Trocknen die seitliche Bohrung für den Bindedraht im Hut vornehmen. Alle Innenlinien ergänzen, die Holzkugeln als Hände anbringen und die mit einem Buntstift gerötete Nase ankleben. Die Haare mit der Heißklebepistole fixieren.
Ein in der Mitte geknicktes Stück dicken Bindedraht locken, pro Drahtteil eine Holzperle auffädeln

und die restlichen Drahtenden nochmals locken. Diesen verzierten Draht in die seitliche Bohrung im Hut stecken und fixieren.
Den Stoff um den Hals legen und mit dünnem Bindedraht umwickeln. Die fertige Hexe in den Friesenbaumfuß stecken und mit der Heißklebepistole fixieren.
Etwas mit dünnem Bindedraht umwickeltes Reisig auf den Standfuß kleben.

Tipp
An die Arme der feurigen Hexe können Sie aufgefädelte Pfefferschoten hängen.

Vorrats-**Giraffe**

Motivgröße
8 cm x 34 cm (nur die Giraffe)

Material
- Holzlöffel, rund, 32 cm lang
- Tonkartonreste in Hautfarbe, Gelb und Rot
- Bastelfarben in Schwarz, Weiß und Mittelgelb
- 2 Wackelaugen, ø 8 mm
- 4 Holzkugeln, ø 15 mm, mit einer Bohrung mit ø 4 mm
- Rundholzstück, ø 4 mm, 6 cm lang (pro Horn 3 cm lang)
- Baumwollkordel in Schwarz, ø 2 mm, 60 cm lang
- Buntstift in Rot
- Stoffrest, 3 cm breit, 20 cm lang
- Zinkgefäß, ø 12 cm, 21 cm hoch
- Bohrer, ø 2,5 mm

Vorlagenbogen B

Die vier Holzkugeln, die beiden Rundholzstücke und den Holzlöffel anmalen. Nach dem Trocknen die seitliche Bohrung für die Baumwollkordel durchführen. Die Holzkugeln auf die Rundholzstücke stecken und fixieren. Ohren, Schnauze und Wangen aus Tonkarton arbeiten und alle Innenlinien ergänzen. Die leicht mit einem Buntstift geröteten Ohren, die fertige Schnauze und die Hörner mit der Heißklebepistole ankleben. Die Augenbrauen aufmalen, die Wackelaugen fixieren und den Stoffschal umbinden.
Die Giraffe mit der Heißklebepistole außen an das Zinkgefäß kleben. Die Baumwollkordel durch die Bohrung der Giraffe stecken, um das Gefäß legen und verknoten. Auf jedes Kordelende eine Holzkugel fädeln und diese durch einen weiteren Knoten sichern.

Zwei kleine Kräuterstecker

KRÄUTERSTECKER

Motivgröße
5,5 cm x 25 cm (ohne Haare)

Material
- 2 Holzlöffel mit Spitze, 25 cm lang
- Tonkartonreste in Olivgrün, Hautfarbe und Rot
- Bastelfarben in Schilf, Weiß und Scharlachrot
- Strohband oder Paketschnur
- Bindedraht, ø 0,35 mm
- Bohrer, ø 3 mm
- Buntstift in Rot
- Motivstanzer mit Herzmotiv

Vorlagenbogen B

GANS

Motivgröße
7 cm x 25,5 cm

Material
- Holzlöffel, rund, 20 cm lang
- Filzreste in Weiß und Orange
- Bastelfarben in Weiß und Tannengrün
- Baumwollkordel in Weiß, ø 1 mm, 33 cm lang
- Bindedraht, ø 0,65 mm
- 2 Holzkugeln, ø 12 mm, mit einer Bohrung von ø 3 mm
- Zinkeimer, ø 6 cm, 5,5 cm hoch
- Friesenbaumfuß in Natur, 6,5 cm x 9 cm x 1,5 cm
- Zahnstocher
- Bohrer, ø 1,5 mm und 2,5 mm

Vorlagenbogen B

Die Schilder beschriften und verzieren. Die Löffel wie abgebildet bemalen.
Nach dem Trocknen in einen Kochlöffel ein Loch für die Haarpracht bohren, etwas Strohband durch die Bohrungen stecken und mit Bindedraht umwickeln. Für das andere Löffel-

kerlchen ein Strohbandstück mit Bindedraht umwickeln, die Drahtenden locken und die Haare am Kopf ankleben. Alle Innenlinien ergänzen und die mit einem Buntstift geröteten Nasen ankleben. Zum Schluss die fertigen Schilder an die Löffelkerlchen kleben.

Gans mit Zahnstochern

Den Löffel, den Friesenbaumfuß und die Holzkugeln wie abgebildet anmalen. Nach dem Trocknen die seitlichen Bohrungen im Stiel und am Kopf ausführen. Alle Innenlinien ergänzen. Den Schnabel und die Flügel aus Filz sowie die Drahtlocke ankleben. Die Baumwollkordel durch die seitliche Bohrung des Stiels stecken, um den Eimer legen und verknoten. Auf jedes Kordelende eine Holzkugel fädeln und jeweils mit einem Knoten sichern. Die Gans in die Bohrung des Friesenbaumfußes stecken, mit der Heißklebepistole fixieren und die Füße aus Filz auf Höhe des orangefarbenen Stielteils ankleben. Den Eimer evtl. mit der Heißklebepistole leicht am Stiel fixieren. Anschließend die Zahnstocher in den Eimer stecken.

Kleines Schafskäse-Schäfchen

Motivgröße
6 cm x 26,5 cm

Material
- Holzlöffel, rund, 25 cm lang
- Tonkartonreste in Weiß, Dunkelbraun, Hautfarbe, Rot und Olivgrün
- Bastelfarben in Weiß, Hautfarbe und Olivgrün
- Bindedraht, ø 0,65 mm
- Bohrer, ø 1,5 mm und 2,5 mm
- Baumwollkordel in Natur, ø 2 mm, 19 cm lang
- 2 Wackelaugen, ø 6 mm
- Buntstift in Rot
- Friesenbaumfuß in Natur, 6,5 cm x 9 cm x 1,5 cm
- Stoffrest, 2 cm breit, 16 cm lang

Vorlagenbogen B

Den Löffel und den Friesenbaumfuß anmalen. Nach dem Trocknen die seitlichen Bohrungen ausführen und die Innenlinien ergänzen. Beide mit Buntstift leicht geröteten Ohren, die Haarpracht, die Wangenflecken und die Wackelaugen fixieren. Durch die untere Bohrung im Löffelstiel das Baumwollkordelstück stecken und die Füße ankleben. Durch die obere Bohrung ein Stück Bindedraht stecken, von hinten durch die Löcher des beschrifteten Schildes führen und die Drahtenden zu Locken biegen. Das fertige Schäfchen in das Loch des Friesenbaumfußes stecken und fixieren. Die Füße an den Stiel kleben und dem Schäfchen noch einen Schal umbinden.

Ein liebes Häschen

Motivgröße
14 cm x 34 cm

Material
- Holzlöffel, oval, 30 cm lang
- Tonkartonreste in Dunkelbraun und Schwarz
- Bastelfarben in Mittelbraun, Weiß und Hautfarbe
- Bindedraht, ø 0,35 mm und 0,65 mm
- Bast in Hellgrün
- Bohrer, ø 1,5 mm

Vorlagenbogen B

Den Holzlöffel laut Abbildung anmalen, nach dem Trocknen alle Innenlinien ergänzen und die Bohrungen ausführen. Die Ohren und die Nase mit der Heißklebepistole anbringen. Für die Schnurrhaare pro Seite ein Stück dicken Bindedraht von hinten durch die Bohrungen stecken und die Drahtenden umbiegen. Etwas Bast mit dünnem Bindedraht umwickeln und an den Stiel kleben.

Schlüssel-
Schweinchen

Motivgröße
30 cm x 8 cm

Material
- Holzlöffel, oval, 30 cm lang
- Balsaholzrest
- Bastelfarben in Wildrose, Zartrosa, Weiß und Olivgrün
- Bindedraht, ø 0,35 mm
- Bohrer, ø 2 mm
- 3 Zier-Schraubhaken, 2,6 mm x 30 mm, vermessingt, gerade
- Knopf in Rosa, ø 11 mm
- etwas Strohband oder Paketschnur
- evtl. Klebekissen
- evtl. Stoffstreifen, 1 cm x 20 cm (zum Aufhängen der Utensilien)

Vorlagenbogen A

Den Kochlöffel und die Balsaholzteile laut Abbildung anmalen. Nach dem Trocknen die Innenlinien ergänzen und die Bohrungen von vorne ausführen. Die Bohrlöcher müssen nicht durch den ganzen Löffelstiel gehen.
Das Gesicht zusammensetzen und die Haare aus etwas Strohband oder aufgezwirbelter Paketschnur anbringen. Die drei Schraubhaken einschrauben, den Kopf mit der Heißklebepistole fixieren und den mit Bindedraht verzierten Knopf anbringen. Das fertige Bord mit Klebekissen befestigen.

Motivgröße
5 cm x 13 cm (ohne Haare)

Material
- 2 Holz-Raclettespachtel, 13 cm lang
- Tonkartonreste in Olivgrün, Dunkelgrün und Rot
- Bastelfarben in Scharlachrot und Weiß
- Bindedraht, ø 0,35 mm und 0,65 mm
- 2 Rohholzhalbkugeln, ø 15 mm
- Bast in Hellgrün und Olivgrün
- Stift in Weiß
- Motivstanzer mit Herzmotiv
- Bohrer, ø 1,5 mm

Vorlagenbogen A

Motivgröße
5 cm x 13 cm

Material
- Holz-Raclettespachtel, 13 cm lang
- Tonkartonreste in Dunkelblau und Rot
- Bastelfarben in Weiß und Scharlachrot
- Stift in Weiß
- Rohholzhalbkugel, ø 15 mm
- Motivstanzer mit Herzmotiv

Vorlagenbogen B

Nicht **naschen**!

Die Rohholzhalbkugel für die Nase anmalen, die Innenlinien ergänzen und das Schild beschriften. Die Nase fixieren. Kleine, ausgestanzte Herzen zur Zierde auf das Schild kleben. Das Schild am Löffelkerlchen fixieren.

Zwei Salatkerlchen!

Die Rohholzhalbkugeln als Nasen bemalen und die Innenlinien ergänzen. Die Schilder beschriften, mit ausgestanzten Herzen verzieren und lochen. Pro Spachtel zwei Löcher von vorne bohren. Auf die Raclettespachtel die Nasen kleben. Die Basthaare mit dünnem Bindedraht verzieren und fixieren. Von hinten pro Spachtel ein Stück Bindedraht durch die Löcher stecken, die Enden durch die Löcher der Schilder stecken und locken.

Tipp
Bei dieser Art der Befestigung können Sie die Salatschilder immer leicht austauschen.

Motivgröße
15 cm x 33 cm (ohne Verzierung)

Material
- ✂ Holzlöffel, oval, 30 cm lang
- ✂ Tonkartonreste in Hautfarbe, Olivgrün und Elfenbein
- ✂ Bastelfarben in Antikgrün, Antikblau und Weiß (für die Augen)
- ✂ Bindedraht, ø 0,35 mm und 0,65 mm
- ✂ Reisig
- ✂ Knopf in Dunkelrot, ø 1,2 cm
- ✂ Buntstift in Rot

Vorlagenbogen B

Küchen-
Schutzengel

Den Kopf bemalen und den Flügel beschriften. Auf die zusammengesetzten Arme jeweils einen kleinen Punkt im Schulterbereich malen. Drei aus dickem Draht gebogene Drahtlocken von hinten an den Kopf kleben.

Den Löffel wie abgebildet anmalen. Nach dem Trocknen die Flügel, die Arme und den Kopf mit der Heißklebepistole ankleben.
Einen Knopf mit dünnem Bindedraht verzieren und ankleben. Etwas Reisig mit dickem Bindedraht verzieren und ebenfalls mit der Heißklebepistole anbringen.